Bernd Römmelt

OBERBAYERN

Für Hans-Werner
mit Erinnerung an schöne, gemeinsam
verbrachte Stunden am Königssee von
Werner und Edeltraud Mangold.

Winter 2018/2019.

Bernd Römmelt

OBERBAYERN

rosenheimer

Oberbayerische Buam in Festtagstracht
Bavarian boys in traditional costume

Inhalt

Contents

München im abendlichen Glanz
Munich in the evening light

München und das Fünfseenland

Manchmal, wenn der warme Föhnwind aus den südlichen Alpen die Luft besonders rein wäscht, dann sind von Deutschlands höchstem Berg, der Zugspitze, die hellen Lichter Münchens zu erkennen. 1,3 Millionen Menschen leben in der bayerischen Hauptstadt, die so wenig mit einer »normalen« Großstadt gemein hat. Riesige Wolkenkratzer sind hier nicht zu finden, genauso wenig wie die Wucherungen großer Industrieanlagen. Ganz wie in einem oberbayerischen Dorf befindet sich eine Kirche im Mittelpunkt. Die 99 Meter hohen Türme des Liebfrauendoms, des Münchner Wahrzeichens, sind beinahe von jedem Standpunkt in der Stadt zu erkennen. Unweit des Doms, direkt am Marienplatz, steht das reich verzierte und verwinkelte Rathaus, das wiederum nur einen Katzensprung vom gemütlichen Viktualienmarkt entfernt ist.

Das Dreigespann Kirche, Rathaus und Markt ist aus einer traditionsreichen oberbayerischen Stadt nicht wegzudenken – auch nicht aus der Millionenstadt München. Doch der kleinstädtische, wenn nicht gar dörfliche Eindruck trügt, denn der bereits 1158 erstmals urkundlich erwähnte Ort hat sich seit dem Zweiten Weltkrieg zu einer der wichtigsten Wirtschafts- und Kulturmetropolen Deutschlands gemausert. München ist heute die zweitgrößte Verlagsstadt der Welt, und Global Players wie BMW und Siemens haben hier ihren Firmensitz. Kaum eine andere Stadt in Deutschland hat so viele bedeutende Museen und so viele Theater zu bieten. 2002 öffnete die Pinakothek der Moderne ihre Pforten, ein Tempel der Kunst, der Architektur und des Designs des 20. und 21. Jahrhunderts.

Kleine und große Parks und Gartenanlagen machen die bayerische Metropole zu einer wahrlich grünen Stadt. Der größte Stadtpark der Welt befindet sich nicht in New York, London oder Paris, sondern mitten in München: Wie eine Oase zieht sich der englische Garten entlang des Eisbachs durch das Häusermeer.

Im Sommer laden die unzähligen kleinen und großen Biergärten zu einer zünftigen Brotzeit ein, und im Herbst lockt das größte Volksfest der Welt, das Oktoberfest, von den Einheimischen schlicht als »die Wiesn« bezeichnet, jedes Jahr mehr als sechs Millionen Besucher aus aller Welt an.

So gemütlich ihre Stadt ist – an freien Tagen zieht es die Münchner wie magisch hinaus ins Umland. Das liegt in erster Linie daran, dass es dort wirklich traumhaft schön ist. Beliebte Ausflugsziele sind etwa Kloster Schäftlarn im Isartal und der kleine Ort Wolfratshausen, die auf einem gut ausgebauten Radweg von München aus angenehm zu erreichen sind.

Fährt man nicht an der Isar entlang, sondern nach Südwesten, kommt man ins so genannte Fünfseenland. Zwei größere Seen, zwei kleinere und ein Winzling buhlen dort auf engstem Raum um die Gunst der Badegäste: Starnberger See, Ammersee, Wörthsee, Pilsensee und Weßlinger See. An schönen Sommertagen scheint es manchmal so, als wäre die ganze Stadtbevölkerung geschlossen hierher ausgerückt. Nicht umsonst werden die zwei großen Seen, der Starnberger See und der Ammersee, als die »Badewannen Münchens« bezeichnet.

Insbesondere der Starnberger See hat es den Einwohnern der Hauptstadt angetan. Als Überbleibsel eiszeitlicher Gletscher ist er mit 57 Quadratkilometern Fläche nach dem Chiemsee das zweitgrößte Gewässer Bayerns. Früher hieß er auch »Fürstensee«, da Hof und Hochadel die Gegend schon früh für sich entdeckten. Seinen heute gebräuchlichen Namen erhielt der See vom Geschlecht der Starnberger, das auch der gleichnamigen Stadt ihr Wappen mit dem schwarzen Star hinterließ. An klaren Tagen, wenn die Alpenkette zum Greifen nahe erscheint, entfaltet der See einen unvergleichlichen Zauber.

Zu seiner Magie hat auch der mysteriöse Tod des wohl berühmtesten Bayern beigetragen. König Ludwig II. ertrank am 13. Juni 1886 unter bis heute ungeklärten Umständen unweit des Ufers bei Berg. Heute erinnert ein Kreuz im Wasser daran. Umgeben ist der See von unzähligen Villen, Schlösschen und romantischen Dörfern. Von der Ilkahöhe an seiner Westseite bieten sich an klaren Tagen atemberaubende Blicke über die Tutzinger Bucht mit der Alpenkulisse im Hintergrund.

Kunstinteressierte zieht es dagegen eher nach Bernried, wo 2001 das »Museum der Phantasie« des Kunstsammlers Lothar-Günther Buchheim eröffnet wurde. In einem eigenwilligen Bauwerk des Münchner Archtikten Günter Behnisch sind hier beispielsweise rund tausend Kunstwerke bedeutender deutscher Expressionisten untergebracht.

Weiter im Westen liegt landschaftlich nicht weniger reizvoll der Ammersee. War der Starnberger See als der »Fürstensee« bekannt, so wurde der Ammersee als »Bauernsee« bezeichnet. Erst 1903, fünfzig Jahre später als am Starnberger See, kam hier die erste Eisenbahn aus München an. Der Rummel der Ausflügler setzte somit erst verzögert ein. Das ist vielleicht mit ein Grund dafür, dass hier ein kleines Naturparadies erhalten geblieben ist. Das gesamte Westufer und Teile des Ostufers stehen unter Landschaftsschutz, am südlichen Ende gibt es ein Vogelschutzgebiet. Auf einem Hügel an der Ostseite des Sees, dem »Heiligen Berg«, thront majestätisch – oder sollte man sagen »andächtig«? – das Benediktinerkloster Andechs. An heißen Sommertagen ist es ein geradezu magischer Anziehungspunkt für Ausflügler. Diese lockt jedoch nicht so sehr das prachtvolle Rokoko der Kirche, sondern eher der schöne Biergarten und der wohlschmeckende Gerstensaft aus der Klosterbrauerei Andechs. Seit 1455 wird nämlich auf dem Heiligen Berg nicht nur gebetet, sondern auch gebraut. Der berühmt-berüchtigte »Andechser Doppelbock« hat in lauen Sommernächten schon so manches »Opfer« gefordert.

Weder auf dem Ammersee noch auf dem Starnberger See sind Motorboote zugelassen – deshalb erreichen die Seen beinahe Trinkwasserqualität. Der Genießer kann sich aber in den Sommermonaten mit dem Linienverkehr der Bayerischen Seenschifffahrt gemütlich von Hafen zu Hafen schippern lassen.

Munich and the Five Lakes

The population of the Bavarian capital is 1.3 million, yet it has little in common with a "normal" city. There are no huge skyscrapers here, nor a proliferation of large industrial plants. The trio of church, town hall and market dominates the city centre, just like in any traditional Upper Bavarian village or town.

However, the impression of a small town or even a village is deceptive, because since the end of the Second World War, Munich has blossomed into one of the most important economic and cultural metropolises of Germany. Global Players like BMW and Siemens have their headquarters here. Scarcely any other city in Germany offers so many significant museums and theatres. The largest town park in the world is to be found not in New York, London or Paris, but in the centre of Munich: the English Garden stretches like an oasis along the Eisbach (Ice Stream) through the city. In autumn, the largest festival in the world, the Oktoberfest, attracts more than 6 million visitors every year from all over.

Munich is surrounded by places worth visiting for outings. Among the most popular is the area of the Five Lakes. Crowded together are two large lakes, two smaller ones and one tiny one, all of which try to win favour with bathers: Starnberg Lake, Ammersee, Wörthsee, Pilsensee and Wesslinger Lake. The inhabitants of the capital are particularly taken with Lake Starnberg, a remnant from an Ice Age glacier and with 57 square kilometers, the second largest body of water after Chiemsee. On clear days, when the Alps seem almost close enough to touch, the lake displays incomparable magic. The mysterious death of the most famous Bavarian added something to this magic. On June 13, 1886, King Ludwig II drowned not far from the shore at Berg under circumstances that have never been clarified. A cross stands in the water in memory of this.

The little nature paradise of Ammersee lies further west and is no less charming scenically. Andechs, the Benedictine Monastery stands in majestic splendour on a hill to the east called the "Holy Mountain". On hot summer days it is a real draw for the day-trippers, not so much because of the splendid rococo of the church, but rather the beautiful beer garden and tasty amber liquid from the Andechs monastery brewery.

Frühmorgens am Nymphenburger Schloss
Nymphenburg Palace in the early morning

Das Oktoberfest vor der prächtigen Kulisse der Frauentürme
The Oktoberfest with the twin towers of the Frauenkirche (Our Lady's Cathedral)

Schnell muss es gehen – eine Oktoberfest-Bedienung auf dem Weg zur Kundschaft
Swift service at the Oktoberfest

Drei Wahrzeichen Münchens im Morgengrauen: das Olympiagelände, der Fernsehturm und das BMW-Hochhaus
Three symbols of Munich: the Olympic site, the TV Tower and the BMW building

Herbst am Chinesischen Turm im Englischen Garten
Autumn at the Chinese Tower in the English Park (Englischer Garten)

Der berühmte Komiker Karl Valentin schaut über seinen Viktualienmarkt auf den Münchner Maibaum.
The famous comedian, Karl Valentin, looks out over the Market at the Munich maypole.

Der Winter kommt früh in Oberbayern – so auch in Wolfratshausen.
Winter comes early in Upper Bavaria and in Wolfratshausen too.

Die dramatische Wolkenstimmung passt zum geheimnisvollen Ort:
König Ludwig-Kreuz bei Berg am Starnberger See.
Dramatic clouds suit the mystery of the place: the King Ludwig cross at Lake Starnberg, near Berg ➜

Von der Ilkahöhe bei Tutzing hat man einen traumhaften Blick auf den Starnberger See und die Bayerischen Alpen.
Wonderful view of Lake Starnberg and the Bavarian Alps from Ilkahöhe, near Tutzing

Magische Abendstimmung am Starnberger See, im Hintergrund die prächtige Alpenkulisse
Magical evening on Lake Starnberg with the Alps in the background

Ein Bad bringt Abkühlung: junge Burschen am Ammersee bei Dießen.
Young lads cooling off at Dießen on Lake Ammersee

Beliebt bei Jung und Alt: eine Dampferfahrt über den Ammersee
Popular with the young and old: steamboat ride on Ammersee

Das Kloster Schäftlarn im wunderschönen Isartal
Schäftlarn Monastery in the beautiful Isar valley

Sonnenaufgang über dem Ammersee
Sunrise over the Ammersee lake

Vollmond über Dießen
Full moon over Dießen

Morgengrauen über dem Ammersee (oben) – Bootshütte bei Dießen (unten)
Dawn at the Ammersee (above) – Boat huts at Dießen (below)

Maria Himmelfahrt in Bernried am Starnberger See
Feast of the Dormition of the Virgin Mary in Bernried, Lake Starnberg

Sonnenuntergang über dem Kirchturm von Münsing oberhalb des Starnberger Sees
Sunset with the Münsing church tower, above Lake Starnberg

Föhn und Herbst entfalten ihre ganze Dramatik: Kloster Andechs mit Zugspitze.
Dramatic autumn scene with the Föhn weather phenomenon: Andechs Monastery and Zugspitze mountain

Von außen eher schlicht, innen ein Juwel: die Wieskirche
The Meadow Church, simple on the outside, a jewel inside

Der Pfaffenwinkel

Es wird vielfach behauptet, der Pfaffenwinkel sei das Herz Oberbayerns – und tatsächlich tritt hier vieles, was man so gemeinhin mit Oberbayern in Verbindung bringt, geradezu geballt auf. Wo etwa gibt es sonst noch so viele Klöster, Kirchen und Kirchlein wie zwischen Lech und Loisach? Der prachtvolle Ritt zu Ehren des heiligen Leonhard, die vielen großen und kleinen Fronleichnams- oder Maria-Himmelfahrts-Prozessionen verkommen in dieser Gegend noch nicht zum touristischen Spektakel, der Glaube scheint tiefer in den Menschen verwurzelt als anderswo. Angulus sacerdotum – Priesterwinkel oder eben »Pfaffenwinkel« – ist insofern ein passender Name für diesen Landstrich vor den Bergen. Berühmte Klöster und Kirchen wie Wessobrunn oder Benediktbeuern, das älteste Urkloster Bayerns, das bereits 739 vom Adelsgeschlecht der Huosi gestiftet wurde, oder die prachtvolle Rokoko-Wallfahrtskirche »auf der Wies« sind auch heute noch Pilgerorte für Menschen aus nah und fern.

Insbesondere die Wieskirche, an der Romantischen Straße gelegen, lockt jedes Jahr Scharen von Besuchern an. Ihre Entstehung geht auf ein Tränenwunder zurück: Eine bereits ausrangierte Prozessionsfigur des Heilands begann in der Kammer der Wiesbäuerin Maria Lory zu weinen. Im Nu pilgerten Scharen von Gläubigen zur Wunderfigur und zwangen das Kloster Steingaden beinahe, eine Wallfahrtskirche mitten auf der abgelegenen Wiese zu errichten. Baumeister Dominikus Zimmermann und sein Bruder, der Maler und Freskant Johann Baptist Zimmermann, schufen zwischen 1745 und 1754 ein Meisterwerk, das von außen eher schlicht und unscheinbar wirkt und erst innen seine ganze Pracht entfaltet. Das Deckenfresko mit einer Darstellung des Jüngsten Gerichts ist einer der Höhepunkte in diesem Gesamtkunstwerk, das zum UNESCO-Weltkulturerbe gehört.

Auf Künstler wirkte der Pfaffenwinkel immer besonders anziehend. So galt Weilheim bereits vom 16. bis 18. Jahrhundert als eine Talentschmiede für Bildhauer. Hans Krumper, Hans Degler, Bartholomäus Steinle und Franz Xaver Schmädl gehören allesamt zur bekannten »Weilheimer Schule«.

Im Osten erstreckt sich der Pfaffenwinkel bis Benediktbeuern und Kochel, dem »blauen Land« des berühmten Malers Franz Marc, der zwischen 1910 und 1914 in Sindelsdorf und später im nahe gelegenen Ried lebte. Heute kann man im Franz-Marc-Museum in Kochel am See Zeichnungen, Gemälde, Holzschnitte und Plastiken des Meisters und der berühmten Künstlervereinigung »Blauer Reiter« bewundern. Gabriele Münter und Wassily Kandinsky, auch sie Mitglieder der Gruppe, zog es ins nahe Murnau, wo Franz Marc und August Macke sie regelmäßig besuchten, um zu malen.

Hoch droben über dem »blauen Land«, etwas unterhalb des Herzogstands am Nordufer des Kochelsees, ist schon von weitem das Walchenseekraftwerk zu erkennen. Oskar von Miller erbaute es zwischen 1918 und 1924 und machte es zu einem Meilenstein in der Elektrifizierung Bayerns. Sechs mächtige Druckrohre leiten das Wasser vom Walchensee hinab in das 200 Meter tiefer gelegene Krafthaus. Rund 300 Millionen Kilowattstunden Strom werden hier jährlich erzeugt, unter anderem liefert das Kraftwerk umweltfreundliche Energie für die Eisenbahnen in Bayern.

Im Westen bildet der Lech die natürliche Grenze der Region. Die Stadt Landsberg am Ufer des Flusses gilt hier als das Tor zum Pfaffenwinkel. Ihrer Lage an der Salzstraße von Reichenhall nach Oberschwaben verdankt sie ihre zeitweise beachtliche Wohlhabenheit. Die auch heute noch perfekt erhaltenen farbigen Bürgerhäuser, der dreieckige Marktplatz, das barocke Rathaus und die verwinkelte Altstadt mit ihren vielen kleinen, schmalen Gassen sind von ganz besonderem Reiz.

Landschaftlich gehört der Paffenwinkel zum Schönsten, was Oberbayern zu bieten hat. Weite unverbaute Wiesen, Äcker und Felder und traumhaft gelegene Seen wie Osterseen, Staffelsee, Riegsee und Kochelsee schmiegen sich zwischen die sanften Hügel des Alpenvorlandes. Eine Vielzahl von Naturschutzgebieten lädt zum Wandern und Staunen ein. Ein Spaziergang durch das Kochel- oder Murnauer Moos etwa lässt das Herz eines jeden Naturliebhabers höher schlagen. Im Frühjahr säumen die seltenen Schwertlilien den Weg, und im Sommer zieht der Große Brachvogel hier seine Jungen auf. Auch große Teile des Staffelsees und der Osterseen stehen unter Schutz und beheimaten eine Vielzahl seltener Pflanzen- und Tierarten.

Die drei vielleicht schönsten Fernwanderwege Öberbayerns verlaufen teilweise durch den Pfaffenwinkel: der Prälatenweg, der von Marktoberdorf im Ostallgäu quer durchs Alpenvorland über Steingaden, Peißenberg und Benediktbeuern nach Kochel am See führt, der König-Ludwig-Weg, der sich vom Starnberger See nach Füssen schlängelt, und zu guter Letzt der Lech-Höhenweg, der in Landsberg beginnt und ebenfalls Füssen zum Ziel hat.

Mitten aus der Ebene ragt ein Berg: Schon von weitem ist der große Sendemast auf dem Gipfel des 988 Meter hohen Peißenbergs zu erkennen. Bereits 1772 gab

Das Kloster Benediktbeuern im winterlichen Gewand, im Hintergrund ragen Herzogstand und Heimgarten auf
Benediktbeuern Monastery in winter dress, Herzogstand and Heimgarten in the background

Einsame Hütte im Kochelmoos
Solitary hut in Kochelmoos

es an gleicher Stelle eine Sternwarte, und seit 1781 steht hier das älteste Bergobservatorium der Erde. An schönen Tagen bieten sich vom Gipfel aus spektakuläre Blicke auf die den Pfaffenwinkel umrahmenden Berge der Bayerischen Alpen. Im Osten trohnt die markante Benediktenwand über Kochel und Benediktbeuern, gefolgt von Herzogstand, Heimgarten und dem Estergebirge. Im Süden überragt das Zugspitzmassiv alle anderen Berge, und weiter im Westen sind Ammergauer und Allgäuer Alpen zu erkennen. An besonders klaren Tagen sind sogar Karwendel, Kaisergebirge, Lechtaler und Chiemgauer Alpen zu sehen. Fern vom Lärm des Massentourismus ist der Pfaffenwinkel eine Oase der Ruhe geblieben – mittlerweile eine Seltenheit in Oberbayern!

Pfaffenwinkel

Much of what one generally associates with Upper Bavaria can be found virtually all together in Pfaffenwinkel. Where else are there as many monasteries, churches and chapels as between the Lech and Loisach rivers? The splendid Ride in honour of St. Leonhard, the many large and smaller processions for Corpus Christi or the Dormition of the Virgin do not deteriorate here into tourist spectacles; belief seems more deeply rooted in the people than elsewhere.

Angulus sacerdotum – Priesterwinkel – Priests' Corner – i.e. Pfaffenwinkel is a fitting name for this region next to the mountains. Famous monasteries and churches like Wessobrunn or Benediktbeuern, the oldest original monastery in Bavaria, or the splendid rococo pilgrimage church "On the Meadow" are still places of pilgrimage today for people from near and far. The Meadow Church – which belongs to UNESCO's world cultural heritage – attracts hoards of visitors every year.

The Pfaffenwinkel region extends eastwards to Benediktbeuern and Kochel, the 'blue land' of the famous artist Franz Marc, who lived in this area for years.

Gabriele Münter and Wassily Kandinsky, like Marc, belonged to the 'Blauer Reiter' art movement, and they were drawn to live and paint in nearby Murnau, where August Macke used to visit them regularly.

The river Lech is a natural boundary of the region to the west, with the town of Landsberg on its banks. The perfectly preserved coloured town houses, the triangular market place, the baroque town hall and the old town centre full of corners and tiny, narrow streets are uniquely appealing.

Pfaffenwinkel boasts some of the most beautiful scenery that Bavaria has to offer. A large number of nature reserves are a paradise for hikers. The three most beautiful long-distance hiking trails run through Pfaffenwinkel: the Prelates' Way leads from Marktoberdorf in East Allgäu straight across the foothills of the Alps via Steingaden, Peissenberg and Benediktbeuern to Kochel on the Lake; then there is the King Ludwig's Trail which weaves its way from Lake Starnberg to Füssen; last but not least, the Lech High Trail which starts in Landsberg and also goes as far as Füssen.

A mountain rising out of the plain, with a transmitter mast visible from afar, on the top of the 988-metre-high Peissenberg: the oldest mountain observatory on Earth has been here since 1781. The views of the Bavarian Alps from this summit are spectacular when the weather is fine.

Far away from mass tourism, Pfaffenwinkel is an oasis of calm, meanwhile quite a rarity in Upper Bavaria.

Wie Wesen aus einer anderen Welt ragen die Satellitenschüsseln bei Raisting nahe dem Ammersee in den oberbayerischen Himmel.
Satellite dishes tower like aliens in the Bavarian sky at Raisting near Ammersee.

Ein magischer Morgen im Pfaffenwinkel: Sonnenaufgang »überm« Kircherl bei Raisting
Morning magic in Pfaffenwinkel: sunrise over the church at Raisting

An der Grenze zu Bayerisch-Schwaben liegt Landsberg am Lech.
Landsberg on the Lech on the border with Swabia

Das Kloster Schlehdorf trotzt dem Nebel im Kochelmoos.
Schlehdorf Monastery defies the fog in Kochelmoos. ➜

Am Marienplatz in Weilheim
Weilheim, on the Maria Square

Erste Sonnenstrahlen tauchen die prächtigen Fassaden der Murnauer Altstadt in ein wunderbar warmes Licht.
Murnau bathed in warm light from the first rays of the sun

Fischerboote am Staffelsee warten auf ihren Einsatz.
Fishing boats on Lake Staffel waiting for action

Wenig bekannt und traumhaft schön: der Riegsee nahe Murnau
Little known and very beautiful: Rieg Lake near Murnau

Tradition wird in Oberbayern noch groß geschrieben: Mädels aus Kochel in ihrer Tracht.
Tradition is still very important in Upper Bavaria: girls from Kochel in local costume

Eine der berühmtesten Prozessionen in Oberbayern, die Fronleichnams-prozession am Staffelsee
One of the most famous processions in Upper Bavaria, the Corpus Christi procession on Lake Staffel

Die Heumanderl im Murnauer Moos weisen den Weg ins Werdenfelser Land.
Hay cocks show the way in Murnauer Moos to the Werdensfels Region. ➜

Das Werdenfelser Land

Als »goldenes Land« wird die Region im Schatten der Zugspitze und des Karwendels gerne bezeichnet. Golden deswegen, weil sich schon früh eine alte Handelsroute, die Rottstraße, vom Inntal durchs Werdenfelser Land nach Augsburg schlängelte. Wertvolle Güter wie Wein, Öl, Gewürze, Stoffe, Eisen, Blei, Kupfer und Felle nahmen ihren Weg durchs Werdenfelser Land und ließen die Orte an der Straße, wie Mittenwald, Partenkirchen, Ettal oder Oberammergau, zu – wenn auch bescheidenem – Wohlstand kommen.

Das Zentrum des Werdenfelser Landes ist heute der Doppelort Garmisch-Partenkirchen. Trotz Massentourismus hat er viel von seinem ursprünglichen Charme bewahrt. Ein Bummel durchs Zentrum von Garmisch oder von Partenkirchen, vorbei an malerischen Gebirgshäusern, die mit opulenten Blumen geschmückt sind, gehört zu einem Besuch des Werdenfelser Landes wie die Fahrt auf den höchsten Berg Deutschlands. Mit 2962 Metern Höhe ist die Zugspitze ein »Quasi-Dreitausender«.

Lange Zeit traute sich keiner hinauf auf den Gipfel. Die Einheimischen erzählten vom »Zuggeist«, einem Geiermonster, das jeden in den Tod stürze, der es in seiner Ruhe störe. Tatsächlich verdankt der Berg seinen Namen aber nicht diesem sagenhaften Ungeheuer, sondern wohl den abgehenden Lawinenzügen, die immer wieder die Bewohner des Tals heimsuchten.

Erst am 27. August 1820 erreichte Leutnant Joseph Naus als erster Mensch den Gipfel »des Zugspitz«, wie er früher bairisch genannt wurde. Endgültig resigniert hat der »Zuggeist« spätestens 1930, als die Zahnradbahn von Garmisch-Partenkirchen aus den höchsten Gipfel Deutschlands erreichte. Bereits vier Jahre vorher hatten die Österreicher von der Tiroler Seite eine Bahn dorthin gebaut. Wer die Zugspitze besucht, sollte auch am Eibsee Station machen, einem traumhaft gelegenen Bergsee, der im Sommer in allen Grünschattierungen schimmert.

Dem, der mit offenen Augen durch das Werdenfelser Land wandert, werden die prachtvollen Malereien an den Wänden der Häuser auffallen. Zusammen mit der Tölzer und Schlierseer Gegend zählt das Werdenfelser Land zu den Hochburgen der so genannten Lüftlmalerei. Wie aber kam es dazu, dass während der Barockzeit ganze Fassaden mit Darstellungen der Muttergottes, von Christus, von Bauernheiligen und mit großen Himmelsszenen bemalt wurden, und warum wurde gerade das Werdenfelser Land berühmt dafür? Zum einen spielte die relative Wohlhabenheit der Bewohner durch die nahe Handelsroute eine Rolle. Mit großartig bemalten Wänden wollte man seinen Status zur Schau stellen. Genauso wichtig waren aber auch religiöse Motive. Die Bewohner der Häuser erflehten so den Schutz der Heiligen. Das Pilatushaus, das Rotkäppchen-Haus oder das Hänsel-und-Gretel-Haus in Oberammergau etwa zeugen von der hohen Kunst der Lüftlmaler.

Auch Mittenwald ist berühmt für seine prachtvoll verzierten Fassaden. Goethe, der auf der Reise nach Italien einmal dort Station machte, sprach von »lebendigen Bilderbüchern«. Außerdem ist der Ort auch noch für die qualitätvollen Geigen bekannt, die dort entstehen. In den 1680er Jahren eröffnete der Mittenwalder Matthias Klotz, der unter anderem in Italien gelernt hatte, die erste Geigenbauwerkstatt. Bereits im 19. Jahrhundert war die Herstellung von Saiteninstrumenten die wichtigste Erwerbsquelle des Ortes. 1858 wurde dann auf Anregung König Max II. die erste Geigenbauschule in Mittenwald gegründet. Heute genießt die »Staatliche Berufsfachschule für Geigenbau und Zupfinstrumentenmacher« weltweite Anerkennung.

Wer Mittenwald auf der Bundesstraße Richtung Garmisch verlässt, der kommt nach einigen Kilometern an den berühmten Buckelwiesen vorbei. Von hier aus bieten sich immer wieder prächtige Blicke auf das Karwendelgebirge, das Quellgebiet der Isar. Noch ungezähmt fließt die »Reißende« die ersten Kilometer durch den Isarwinkel bei Wallgau und Vorderriß. Erst der Bau des Sylvensteinspeichers bereitete dem wilden Treiben ein Ende und bändigt bis heute den reißenden Gebirgsbach.

Von Garmisch aus gelangt man entlang der alten Rottstraße nach wenigen Kilometern zur Abzweigung Richtung Ettal, Oberammergau und Linderhof. Drei klangvolle Namen, die mit zu den Attraktionen Oberbayerns gehören.

Malerisch eingebettet in die Höhen des Ammergebirges liegt das Kloster Ettal. 1330 durch Kaiser Ludwig von Bayern gegründet, erlebte die Benediktinerabtei ab dem 17. Jahrhundert eine Blütezeit und wurde ein viel besuchter Wallfahrtsort. Schon die Architektur mit der riesigen Kuppel, die von zwei Türmen flankiert wird, ist außergewöhnlich. Die Grundstruktur des Baus geht auf die Gotik zurück. Im 18. Jahrhundert erfolgten dann längere Umbaumaßnahmen, in deren Rahmen die auffallende Kuppel entstand. Heute beherbergt das Kloster eine Benediktiner-Kommunität, ein Gymnasium, die klösterliche Bierbrauerei, eine Likörherstellung, einen Klosterladen und einen Buch-Kunstverlag.

Nur etwa acht Kilometer von Ettal entfernt, im malerischen Graswangtal, liegt eines der berühmten Märchenschlösser König Ludwigs II. Linderhof war das einzige von seinen zahlreichen aufwändigen Bauwerken, das noch zu seinen Lebzeiten fertig gestellt werden konnte und das er auch wirklich bewohnt hat. Die prächtige Parkanlage mit Maurischem Kiosk, Marokkanischem Haus, Musikpavillon, mit der Gurnemanz-Klause, der Hundinghütte und natürlich der unwirklich-fantastischen Venusgrotte sucht weltweit ihresgleichen.

Nach so viel Exotik fällt es schwer, sich im nahen, bodenständigen Oberammergau zurechtzufinden. Der Ort ist berühmt für seine Passionsspiele, die alle zehn Jahre aufgeführt werden. Im Pestjahr 1633 gelobten die Bewohner, regelmäßig die Leiden Christi nachzuspielen, wenn die schreckliche Seuche endlich enden würde. Schon im darauf folgenden Jahr löste man sein Versprechen ein.

The Werdenfels Region

The area in the shadow of the Zugspitze and Karwendel mountains is often known as the "golden land". The name goes back to an old trade route that weaved its way from the Inn valley through the Werdenfels region to Augsburg and was called the Rott Road. Places such as Mittenwald, Partenkirchen, Ettal and Oberammergau attained modest prosperity. The centre of the area today is the twin town resort of Garmisch-Partenkirchen which has managed to preserve a lot of its original charm, despite mass tourism. Its "home" mountain is the Zugspitze, which is the highest in Germany at 2,962 metres. Whoever goes to the top by cog-wheel or cable railway should stop off at the Eibsee, a wonderfully situated mountain lake that glimmers all shades of green in summer.

Together with the Tölz and Schliersee regions, the Werdenfels area is well known for its decorated houses painted with mainly religious themes. Once Goethe stopped off in Mittenwald and spoke of the "living story books". Mittenwald is also famous for its high-quality violins. In the 1680s Matthias Klotz opened the first workshop for violin making. Today the State Vocational College for making Violins and Plucked Instruments is recognised worldwide.

Leaving Mittenwald on the road to Garmisch, after a few kilometres one passes the famous Buckelwiesen (Humped Meadows) from which there are fantastic views of the Karwendel mountains where the river Isar originates.

Having passed Garmisch, along the old Rott Road, eventually there is a turning off towards Ettal. The Benedictine Abbey can be spotted from afar because of its unusual architecture with its huge dome flanked by two towers. One of the famous fairytale castles of King Ludwig II is situated about eight kilometres away. Linderhof was the only one of his many extravagant buildings which was completed and where he actually lived at all. The amazing parkland with its Moorish Kiosk, Moroccan House, Music Pavilion, Gurnemanz Retreat, Hunding Cottage and of course the unreal Venus Grotto, are not to be found anywhere else in the world.

Nearby Oberammergau is famous for its Passion Play performed every ten years. In 1633, the year of the Plague, the inhabitants swore that if the dreadful epidemic finally ended they would regularly enact the passion of Christ. The following year the promise was made good and has been kept up to this day.

Mächtig erhebt sich das Zugspitzmassiv über der prächtigen Hahnenfußwiese im Murnauer Moos.
The Zugspitze soars above a field of buttercups in Murnauer Moos.

Zugspitze und Alpspitze wachen über dem Doppelort Partenkirchen (oben) und Garmisch (rechts).
Zugspitze and Alpspitze guard over the twin towns of Partenkirchen (above) and Garmisch (right).

Stillleben in Partenkirchen (oben) und in Garmisch (unten)
Still life in Partenkirchen (above) and in Garmisch (below)

Lüftlmalerei vom Feinsten: Hänsel-und-Gretel-Haus in Oberammergau
Hansel and Gretel House in Oberammergau (Lüftlmalerei – traditional method of decorating houses)

Ungeschmückte Kühe beim Almabtrieb in Mittenwald: Das bedeutet, dass in der abgelaufenen Almsaison ein Unglück passiert ist.
Cows coming down from the alpine pasture without decoration, which means that something unfortunate happened during the alpine season.

Eines der schönsten seiner Märchen-schlösser: Ludwigs Linderhof
One of Ludwig's finest fairytale castles: Linderhof

Fast unwirklich mutet die prachtvolle Parkanlage von Schloss Linderhof in den urigen Ammergauer Alpen an.
The grounds of Linderhof Palace appear almost unreal in the Ammergau Alps

Blumen, so weit das Auge reicht: im Park von Linderhof
Flowers as far as the eye can see in the park at Linderhof

← *Kloster Ettal ist durch seine Lage im Hochgebirgstal der Ammer wie durch seine ungewöhnliche Bauform einzigartig.*
The Ettal Abbey is unique both in its location and unusual architecture.

In manchen Jahren versinkt Mittenwald im Schnee.
Some years Mittenwald sinks in snow.

Blick über den Geroldsee auf das prächtige Karwendelgebirge
The magnificent Karwendel mountain range behind the lake (Geroldsee)

Sonnenuntergang über der Zugspitze und den berühmten Buckelwiesen nahe Klais
Sunset over the Zugspitze and the famous Humped Meadows (Buckelwiesen) near Klais

Der Malerwinkel in Rottach-Egern hat schon immer Künstler und Fotografen inspiriert.
The Artists' Corner in Rottach-Egern has always inspired artists and photographers. ➜

Im Oberland zwischen Bad Tölz, Tegernsee und Schliersee

Man mag es kaum glauben, aber es gab Zeiten, da wurde Bier »von draußen« nach München eingeführt. Im späten 17. Jahrhundert brachten waghalsige Isarflößer den aus böhmischem Hopfen gebrauten Gerstensaft der 23 Tölzer Brauereien in die Landeshauptstadt. Denn das Tölzer Bier galt als besonders wohlschmeckend.
Es waren zwei Handelsrouten, denen das heutige Bad Tölz seine Existenz verdankt: zum einen die Isar, die das stetig wachsende München mit Waren und insbesondere mit Holz versorgte, zum anderen die aus Reichenhall kommende Salzstraße.
Beide kreuzten sich an einer Brücke, an der zunächst getrennte Siedlungen der Säumer und der Flößer entstanden. Bis zum 14. Jahrhundert waren sie zu einer geschlossenen Ortschaft zusammengewachsen. Im Mittelpunkt von Tölz stand schon damals die Marktstraße. Sie ist heute mit ihren prächtigen Häuserfronten und Giebeldächern ein Anziehungspunkt nicht nur für die Touristen.
Über all dem wacht die weiße Kreuzkirche auf dem Kalvarienberg, dem Ort des berühmten Leonhardiritts. Er findet alljährlich am 6. November statt, dem Tag des heiligen Leonhard, der als Beschützer des Viehs und der Pferde gilt. Solche Ritte zu Ehren des Bauernheiligen haben sich seit dem 15. Jahrhundert in ganz Bayern verbreitet. Man wollte damit die immer wiederkehrenden schlimmen Viehseuchen abwenden. Bereits bei dunkler Nacht legen Männer und Frauen ihre beste Festtagstracht an, die Pferde werden mit viel Liebe geschmückt und die wertvollen, prächtig verzierten Wagen aus der Remise geholt, ehe sich der lange Zug aus Rossen, Menschen und Fahrzeugen in Bewegung setzt.
Die gesamte Gegend zwischen Bad Tölz und Schliersee gehört zu den beliebtesten Ausflugszielen der Münchner. Insbesondere das traumhaft gelegene Tegernseer Tal, umgeben von eher milde gewölbten als schroffen Bergen, mit dem See als Mittelpunkt und Blickfang, hat es den Münchnern ebenso angetan wie Wahl-Oberbayern aus aller Welt. Vor allem an sonnigen Spätherbsttagen erstickt das Tal regelmäßig an der Blechkolonne aus der Landeshauptstadt. Die Großstädter wollen unter allen Umständen noch einmal an der Seepromenade das letzte Eis im Freien genießen.
»Am Tegernsee wurde die Sommerfrische erfunden«, sagt man. Initiator war kein Geringerer als König Max I., der von dieser Landschaft so entzückt war, dass er sogleich die Reste der teilweise schon abgerissenen Tegernseer Klosteranlage kaufte und zu seiner Sommerresidenz machte – das war 1817. Seine Begeisterung muss irgendwie ansteckend gewirkt haben, denn alsbald reiste der ganze Münchner Hof an. Der erste Schritt zum Massentourismus war getan!
Den schönsten Blick auf den Tegernsee bietet der Wallberg am südlichen Ende des Tals. Drei Stunden braucht man zu Fuß auf den fantastischen Aussichtsberg. Die Masse der Ausflügler nimmt allerdings die Kabinenbahn. Oben angekommen, kann man an klaren Tagen ein sagenhaftes Panorama bestaunen, von den Tegernseer Bergen über das Sonnwendjoch und den Blaubergkamm bis zum Karwendelgebirge. Und ganz unten im Tal schimmert der See mit den beiden heilklimatischen Kurorten Rottach-Egern und Tegernsee an seinem Ufer.
Der berühmteste Tegernseer ist eigentlich gar nicht hier auf die Welt gekommen: Ludwig Thoma. Geboren in Oberammergau, lebte der Schriftsteller nacheinander in mehreren anderen bayerischen Orten, ehe er im Alter von 41 Jahren in seinem Haus auf der Tuften eine wirkliche Heimat fand. Begraben liegt er auf dem Friedhof in Rottach-Egern.
Fährt man vom Tegernsee das Tal der Weißach entlang Richtung Süden, so gelangt man in den malerischen Luftkurort Kreuth, der inmitten einer bayerischen Bilderbuchlandschaft liegt. Hier gibt es einen der ältesten Leonhardiritte in ganz Bayern, der bei Insidern als Geheimtipp gehandelt wird, denn hier sind die Einheimischen an diesem Festtag noch weitgehend unter sich.
Folgt man weiter dem Lauf der wildromantischen Weißach, so erreicht man zu Füßen der Blauberge das abgelegene Wildbad Kreuth, das bereits von König Max I. geschätzt wurde. Bis 1973 nutzte man die Heilkraft der schwefelhaltigen Quellen, dann wurde der Badebetrieb eingestellt. Heute ist der ehemalige Kurort vor allem als Tagungsstätte der Hanns-Seidel-Stiftung bekannt.
Wer eher quirliges Leben schätzt, der kommt in Bad Wiessee auf seine Kosten. Am westlichen Seeufer gelegen, ist der Kurort außer für seine Jod-Schwefel-Quellen hauptsächlich für seine Spielbank bekannt. Einen schönen Blick auf den Tegernsee bietet das einige Kilometer nördlich malerisch auf einer Anhöhe gelegene Gut Kaltenbrunn. Majestätisch erheben sich hier Wallberg, Hirschberg und Blaubergkamm über dem See. Die schönsten Bauernhöfe des Tals gibt es

Die schönsten Blicke auf den Tegernsee hat man vom Wallberg.
The finest views of Lake Tegernsee are from the Wallberg mountain.

nicht weit entfernt im Gmunder Ortsteil Gasse zu sehen. Wie Relikte aus einer vergangenen Zeit liegen die über hundert Jahre alten Höfe dicht nebeneinander. Weiter im Osten schmiegt sich der nicht weniger malerisch gelegene Schliersee zwischen die Höhenzüge, die von der Brecherspitz beherrscht werden. Eines haben die Schlierseer den Tegernseern voraus: Bei ihnen, nämlich auf dem Friedhof von St. Martin, findet sich das Grab des wohl berühmtesten bayerischen Wilderes Georg Jennerwein, der im Jahre 1877 in den Wäldern der Bodenschneid hinterrücks von einem Jäger erschossen wurde und bald zum Volkshelden aufstieg.

Ein Katzensprung ist es vom Schliersee zum meistbesuchten Berg der Bayerischen Alpen, dem 1838 Meter hohen Wendelstein. Nicht so unnahbar wie die Zugspitze und nicht so wild und geheimnisvoll wie der Watzmann, besitzt er offenbar etwas, das die Menschen anzieht. Natürlich spielt dabei auch die gute Erschließung durch eine Zahnradbahn und eine Seilbahn eine gewisse Rolle. Unverkennbares Markenzeichen des Wendelsteins ist der Sendemast des Bayerischen Rundfunks, der hoch in dem oberbayerischen Himmel ragt. Rund um den Gipfel gibt es auch noch ein Kirchlein, ein Unterkunftshaus, eine Wetterstation und eine Universitätssternwarte.

The Uplands between Bad Tölz, the Tegernsee and Schliersee Lakes

It might be hard to believe, but there was a time when beer was brought to Munich from the outside. In the late 17th century, daredevil rafts brought the amber liquid made from Bohemian hops from the twenty-three Bad Tölz breweries along the River Isar to the Bavarian capital. Bad Tölz beer was considered particularly tasty. Today, with its splendid facades and gable roofs Bad Tölz is not only attractive for tourists. The white Church of the Cross stands guard above the town on the Calvary Mountain which is famous for the "Leonard Ride" (Leonhardiritt) that takes place every year on November 6, the day of St. Leonard, the patron saint of cattle and horses. These so-called 'Rides' in honour of the peasant saint became widespread throughout Bavaria from the fifteenth century on and were intended to avert the livestock epidemics which kept coming back.

The beautifully situated Tegernsee valley, surrounded by rounded rather than jagged mountains, with the eye-catching lake in the centre, is a favourite with the people of Munich and those who have chosen to live in Upper Bavaria. Wallberg mountain at the southern end of the valley offers the best view of the scenery. On clear days one can admire a fantastic panorama of the Tegernsee mountains over the Sonnwend saddleback (Sonnwendjoch) and Blauberg ridge as far as the Karwendel range, while the lake sparkles in the valley below.

Travelling from Tegernsee along the Weissach valley southwards, you reach the picturesque health resort of Kreuth which lies in the middle of Bavarian storybook-landscape. One of the oldest 'Leonard Rides' in the whole of Bavaria takes place here and is actually an insider tip because the festival is mostly visited by the locals alone.

Further east the Schliersee lake nestles between the ridges dominated by the Brecherspitz peak. The people of Schliersee have something over the Tegernsee inhabitants in that the grave of the most famous Bavarian poacher is to be found in St. Martin's cemetery. In 1877, Georg Jennerwein was shot from behind by a hunter in the Bodenschneid forest and soon became a folk hero.

It is only a stone's throw from Schliersee lake to the most popular mountain in the Bavarian Alps, the 1,838-metres-high Wendelstein. It is not as unapproachable as the Zugspitze, is less wild and mysterious than the Watzmann, and apparently has something very attractive about it. Thanks to a cog railway and a cable railway, the summit is easily accessible nowadays.

Blick auf den Schliersee mit dem gleichnamigen Ort, im Hintergrund die Brecherspitz
View of Schliersee lake and town, Brecherspitz peak in the background

Die Isar und Bad Tölz sind zwei untrennbar verbundene »Weggefährten«.
The Isar river and Bad Tölz are inseparable.

Der Leonhardiritt in Kreuth zählt zu den ältesten seiner Art in ganz Oberbayern.
The tradition of the St. Leonard Ride in Kreuth is one of the oldest of its kind in Upper Bavaria.

Ein oberbayerisches Gesicht
A Bavarian face

Alphornbläser in Bad Wiessee am Tegernsee (oben) – Zum Leonhardiritt legen Frauen und Männer ihre schönste Festtagstracht an (unten).
Alpine horn blowers in Bad Wiessee on Tegernsee Lake (above) – Men and women in their best costumes for the St. Leonard Ride (below)

Ein typischer Bauernhof im Tegernseer Land nahe Gmund
A typical farm house near Gmund in the Tegernsee region

Die »Krönung« von Bad Tölz: die weiße Kalvarienbergkirche
The white Mount Calvary Church crowns Bad Tölz. →

Das »bayerische Meer«, von der Kampenwand aus gesehen
The 'Bavarian Sea' seen from the Kampenwand mountain

Der Chiemgau

Der Inn im Westen, die Flüsse Traun und Alz im Osten, das Gebirge im Süden und eine imaginäre Linie etwa auf der Höhe Wasserburgs im Norden begrenzen eine uralte Kulturlandschaft, die lange unter dem Einfluss des Erzbistums Salzburg stand: den Chiemgau. Mitten im Herzen dieses Landstrichs liegt der Chiemsee, der mit 80 Quadratkilometern größte See Bayerns. Seine Dimensionen, aber auch seine Unberechenbarkeit haben ihm die respektvolle Bezeichnung »bayerisches Meer« eingetragen. Einen großen Bekanntheitsgrad haben die beiden Inseln Frauen- und Herrenchiemsee. Zusammen mit der kleinen Krautinsel beleben sie den Westteil des Sees, der als »Inselsee« bezeichnet wird. Aufgrund seiner Weite wird der östliche Teil des »bayerischen Meeres« dagegen als »Weitsee« bezeichnet.

Zwei Welten bestehen auf der nur 13,5 Hektar großen Fraueninsel seit Jahrhunderten nebeneinander. Da ist auf der einen Seite der Klosterbezirk der Benediktinerinnen, dessen Wahrzeichen der schon von weitem sichtbare, weiß leuchtende Campanile mit seiner Zwiebelhaube ist. Auf der anderen Seite steht das Dorf mit seinen im Sommer wunderbar blumengeschmückten Häusern. Wahrscheinlich haben sich schon um 620 irische Mönche auf der Fraueninsel niedergelassen. Seit 765 hatten aber dann ununterbrochen die Nonnen das Sagen. Lange Zeit betrieben sie mehrere klösterliche Schulen, ehe sie sich in den letzten Jahren, ganz modern, der Erwachsenenbildung zuwandten. Managertrainings, Kongresse, Parteitage oder Malkurse werden seit 1995 in den zu Seminarräumen umgebauten ehemaligen Internatszimmern angeboten. Die Tradition darf natürlich auch nicht zu kurz kommen, und so wird beispielsweise der uralte Kräutergarten weiter gehegt und gepflegt. Hier gedeihen die Zutaten für den berühmten Chiemseer Klosterlikör.

300 Einwohner zählt das angrenzende kleine Dorf, in dem sechs Fischerfamilien mit einer weit zurückreichenden Berufstradition leben. Renken, Brachsen, Forellen, Zander und Hechte werden heute noch wie eh und je aus dem See geholt. Außerdem sind mehrere Gasthöfe und Töpfereibetriebe auf Frauenchiemsee zu finden. Sie erfreuen sich bei den Touristenmassen, die im Sommer über die kleine Insel hereinfallen, größter Beliebtheit.

Zehn Minuten etwa dauert die Fahrt mit den Schiffen der Chiemseeflotte von Frauenchiemsee zur anderen, weitaus größeren, »prunkvolleren« Insel – Herrenchiemsee mit seinem Schloss. Ein neues Versailles wollte der Märchenkönig Ludwig II. hier bauen. Es war das ehrgeizigste und teuerste seiner Unternehmungen, doch nach siebenjähriger Bauzeit meldete die königliche Kabinettskasse 1885 den Bankrott. Von außen wirkt der Bau alles andere als unvollendet, obwohl lediglich der Mitteltrakt fertig gestellt wurde und auch bei diesem noch die Innenausstattung einiger Räume fehlt. Inmitten einer verschwenderischen Parkanlage mit drei prachtvollen Brunnen erhebt sich die zweigeschossige Dreiflügelanlage, die wie Linderhof im Stil des »zweiten Rokoko« ausgestattet wurde.

Am Ufer ergeben sich von der Ratzinger Höhe, zwischen Prien und Bad Endorf gelegen, die schönsten Blicke auf den See und die Kulisse der Chiemgauer Alpen. Die unvergleichliche Aussicht auf Buchten, Inseln und Berge hat immer wieder Landschaftsmaler angelockt. Schon Johann Georg von Dillis, ein früher Vertreter der Münchner Schule, wusste dieses Fleckchen Erde zu schätzen.

Direkt am See gelegen ist der geschäftige Ort Prien, mit seinem stattlichen Segelhafen ein beliebter Tummelplatz der Wassersportler. Eine Attraktion sind die Einbäume, die man im Heimatmuseum bewundern kann. Vor rund 2000 Jahren soll der ältere der beiden entstanden sein.

Nordwestlich des Chiemsees beginnt eine träumerische Landschaft aus Mooren, Buckeln, Mulden und Seen. Siebzehn Gewässer zählt die unter Naturschutz stehende Eggstätter Seenplatte. Entstanden durch die Verschmelzung des mächtigen Inngletschers mit dem kleineren Chiemseegletscher, ist das vom Wasser geprägte Gebiet heute ein kleines Wunderland für Naturliebhaber und Erholungssuchende. Ebenfalls attraktiv sind die fünf Seeoner Seen. In einem von ihnen erhebt sich auf einer Halbinsel das Kloster Seeon. 994 von Pfalzgraf Aribo I. mit Mönchen aus Regensburg gegründet, hatte es im 18. Jahrhundert einen prominenten Gast: Wolfgang Amadeus Mozart spielte hier die Orgel und hat auch einige Kompositionen eigens für das Kloster geschaffen. 1803 wurde es aufgelöst, seine Gebäude dienen heute als Kultur- und Bildungszentrum.

Fast schon an der Grenze zum Rupertiwinkel und dem Berchtesgadener Land liegt die alte Salzstadt Traunstein. Bis 1275 unter Salzburger Herrschaft, verdankt sie ihren Aufschwung im Spätmittelalter der Lage an der »Güldenen Salzstraße« von der Saline in Reichenhall Richtung München. Trotz mehrerer fürchterlicher Brände sind der Grundriss und Charakter der alten Stadtanlage erhalten geblieben.

Am südlichen Chiemseeufer durchschneidet die Autobahn München – Salzburg den Chiemgau in zwei Hälften. Südlich der lärmenden Rennstrecke erstreckt sich zwischen Bernau, Bergen und Schleching eine Urlandschaft, die bis hinein ins Tal der Tiroler Achen zwischen den Gipfeln der Chiemgauer Alpen reicht. Kendlmühlfilz, Sossauer Filz, Lanzinger Moos und Mettenhamer Filz sind die Namen der Moorgebiete, die einer Vielzahl seltener Tier- und Pflanzenarten zum Rückzugsgebiet wurden. Über all dem ragt die markante, 1664 Meter hohe Kampenwand mit ihren berühmten »Hahnenkamm« auf, der zu einem Wahrzeichen des Chiemgaus wurde und dem merkwürdig geformten Berg seinen Namen gab. An der Deutschen Alpenstraße, mitten in der Traumlandschaft der Chiemgauer Alpen, liegen die drei bekanntesten Wintersportorte der Region: Inzell gilt als Mekka der Eisschnelläufer, in Ruhpolding wird Biathlon auf höchsten Niveau betrieben, und Reit im Winkl, die Heimat der weltberühmten Skirennläuferin Rosi Mittermeier, mit seiner schneesicheren Winkelmoosalm, ist Anziehungspunkt der Ski- und Snowboardfans. Auch dank der unzähligen Wanderwege, die sie durchziehen, zählt die Bergwelt der Chiemgauer Alpen zu den lohnendsten Ausflugszielen in ganz Oberbayern.

The Chiemgau Region

The age-old cultivated district of Chiemgau is marked by the River Inn to the west, the Traun and Alz rivers to the east, the mountains in the south and the Wasserburg area to the north. At the heart of this region is Chiemsee, the largest lake in Bavaria, sometimes known as the "Bavarian Sea". The islands, Frauen- and Herrenchiemsee, and the tiny Krautinsel bring the western part of the lake to life. There has been a convent on the Island of Frauenchiemsee ever since the year 765 and Benedictine nuns live there to this day. Its landmark is the bell-tower crowned with an onion dome that can be seen from afar. The village has 300 inhabitants with six traditional fishing families who still get whitefish, bream, trout, perch and pike from the lake.

The Herrenchiemsee Island with its palace is much larger and grander. Ludwig II, the fairytale King, wanted to build a second Versailles here. Although the ambitious project could not be completed, the two-storied three-winged building is very impressive, set in extravagant grounds adorned with three splendid fountains.

The busy town of Prien is right on the lakeside and its magnificent yachting harbour is a favourite play area for water sportsmen. The best views of the lake and the Chiemgau Alps in the background are from the Ratzing summit nearby. It is not far to the Eggstätt lakeland, a delightful landscape of moorland, hillocks, hollows and lakes. Then there are the five Seeon lakes, which are just as attractive. On one of the lakes, the former Seeon monastery rises above the peninsular; the building is now used as a cultural and educational centre.

Almost on the border with Rupertiwinkel and the Berchtesgadener region lies Traunstein, a town that gained importance in the late Middle Ages through the salt trade. The character and ground plan of the old town have remained the same right up to today.

South of Lake Chiemsee, above the moorland, which has become an area of retreat with its multitude of rare flora and fauna, looms the striking 1,664-metre Kampenwand mountain with its famous "cockscomb", Chiemgau's landmark that gave the unusually-shaped mountain its name.

The three best-known winter sports of the region are to be found in the fantastic landscape of the Chiemgau Alps. Inzell is the mecca of speed skaters, biathlon is practised at the highest level in Ruhpolding, and Reit-im-Winkel is the great attraction for skiers and snowboard fans. Thanks to the numerous hiking trails, the mountains of the Chiemgau Alps are amongst the most worthwhile destinations to visit in the whole of Upper Bavaria.

Kloster Seeon im herbstlichen Gewand
The Monastery at Seeon in autumn dress ➜

Die berühmten Kräuter- und Blumengärten der Fraueninsel vor dem weiß leuchtenden Campanile der Klosterkirche
Famous herbal and flower gardens on the Fraueninsel island, white bell tower of the Convent church in the background

Ein weiteres Märchenschloss: Herrenchiemsee
Herrenchiemsee, another fairytale palace

In der wunderschönen Innenstadt von Traunstein
In the beautiful town of Traunstein

Auf dem Christkindlmarkt in Prien
Christmas market in Prien

Die ersten Sonnenstrahlen tauchen das Ufer des »bayerischen Meeres« in ein zauberhaftes Licht.
The first sunlight at the Chiemsee

Ein alter Bauernhof im Chiemgau
An old farm house in the Chiemgau

Winter am Ufer des Chiemsees
Winter on the shores of Lake Chiemsee

Es heißt, in Reit im Winkl herrscht sieben Monate Winter.
They say winter lasts for seven months in Reit im Winkl.

Sonnenaufgang über den Chiemgauer Alpen nahe der Eggstätter Seenplatte
Sunrise over the Chiemgau Alps near Eggstätter lakeland ➜

Vom westlichen Ausläufer des Samerbergs ergeben sich traumhafte Blicke auf das Inntal.
Lovely views of the Inn valley from the western ridge of Samerberg

Entlang des Inn

Jahrhundertelang bestimmte der Inn als wichtigste Verkehrsverbindung zwischen Bayern und Tirol, damit als Bindeglied zwischen Oberitalien und dem Donaugebiet, das Schicksal der Städte und Menschen an seinen Ufern. Wein, Erz, Seide und Salz wurden stromabwärts geschifft und Korn stromaufwärts ins getreidearme Tirol. In Kriegszeiten diente der Fluss immer wieder auch als Heerstraße. Der oberbayerische Teil des Inns beginnt am Grenzort Kiefersfelden. Von dort strömen die graugrünen Gletscherwasser im reizvollen Inntal durch eine herrliche Ferienlandschaft. Hier lohnt ein Abstecher auf den Samerberg, ein kleines Paradies mit herrlichen Ausblicken auf die Berge der gegenüberliegenden Talseite. Das Zentrum der Region ist Rosenheim, mit rund 60000 Einwohnern die drittgrößte Stadt Oberbayerns. Rosenheim ist ein typisches Beispiel für die Architektur der Städte am Inn – und auch an seinem Nebenfluss, der Salzach –, die sich auffällig von der Anlage der Orte im übrigen Oberbayern unterscheidet. Alles ist gerader, symmetrischer. Man sieht Horizontalen statt Dachschrägen und lange Straßenzüge mit bunten, direkt aneinander gebauten Bürgerhäusern – eine Szenerie, die eher an Italien erinnert. Hinter Rosenheim eilt der Fluss durch beschauliches Bauernland nach Wasserburg, einer Stadt, in der die Zeit stehen geblieben zu sein scheint. Schmale, enge Gassen und eine mittelalterlich anmutende, traumhaft schöne Altstadt laden den Besucher zum Flanieren ein. Die folgenden Flusskilometer geht es in verschiedenen Schleifen weiter, bis endlich Mühldorf erreicht ist, diese Innstadt par excellence. Ihr Mittelpunkt ist der lange, leicht gebogene Straßenmarkt mit seinen prachtvollen Bürgerhäusern des 15. bis 17. Jahrhunderts.

Weiter flussabwärts stößt man auf einen der bekanntesten Orte in ganz Bayern: Altötting! Unzählige Wallfahrer kommen Jahr für Jahr in die kleine Stadt am Inn, um in der »Heiligen Kapelle« die berühmte schwarze Lindenholz-Muttergottes mit Kind zu verehren. Am Anfang stand ein Wunder: Im Jahre 1489 soll ein dreijähriger Knabe wieder zum Leben erweckt worden sein. Das Herz Altöttings schlägt heute auf dem Kapellplatz, der mit seiner beachtlichen Größe ganz auf die Wallfahrerströme zugeschnitten ist.

Bald darauf vereint sich der Inn mit der Salzach. Diesem Fluss folgen wir noch ein Stück aufwärts, bis Burghausen, der letzten Station der Reise. Burg und Altstadt ziehen sich hier gleich lang dahin, die eine am Scheitel, die andere am Fuß eines Höhenzuges, wie zwei Stockwerke ein und desselben Gebäudes. Was für ein Anblick: Eine 1034 Meter lange Burganlage – die längste in Europa – und darunter die schönen Häuserzeilen, die sich ans Ufer der Salzach schmiegen!

Along the River Inn

For centuries the Inn was the most important link between Bavaria and Tyrol as the connection between northern Italy and the Danube area, and the fate of the towns and people along its shores. Wine, ore, silk and salt were transported downstream and grain was brought upstream to Tyrol where corn was short. In time of war the river was always used as a military route.

The upper Bavarian part of the Inn begins at Kiefersfelden, a border town. From there the grey-green glacier water streams into the lovely Inn valley through beautiful scenery. It is worth a detour to the Samerberg, a little paradise with wonderful views of the mountains on the other side of the valley. The centre of the region is Rosenheim, the third largest town in Upper Bavaria, with a population of 60,000. After Rosenheim the river rushes on through peaceful farming land to Wasserburg, a city where time appears to have stood still. The narrow streets and a seemingly medieval, fantastically beautiful town centre are a joy to wander around. For the next few kilometres the river bends on until it reaches Mühldorf, the town *par excellence* on the Inn, with its long, slightly curved market street of magnificent houses dating from the 15th to 17th centuries.

Farther on downstream is one of the best-known places in the whole of Bavaria: Altötting. Every year countless pilgrims come to the little town to honour the famous black limewood Madonna with Child in the Holy Chapel. In 1489 a three-year-old boy was supposed to have been brought back to life by a miracle.

Soon afterwards the Inn unites with the Salzach and we follow this river a little as far as Burghausen, the last stop on the journey. What a sight! Castle and grounds, 1,034 metres in length – the longest in Europe, and beneath it the lovely line of houses nestling in the bank of the Salzach river.

Kirche und Kühe: Oberbayerisches Idyll am Samerberg
Bavarian idyll on the Samerberg

Letzte Sonnenstrahlen locken die Rosenheimer in die Cafés ihrer wunderschönen Altstadt.
Rosenheim cafés in the last rays of sun

← *Wasserburg am Inn taucht aus dem Nebel.*
Wasserburg on the Inn appears out of the mist.

Wirklich Oberbayern? Mühldorf am Inn
Is it really Upper Bavaria? Mühldorf on the Inn

Der weite Kapellplatz ist das Herz Altöttings.
Chapel Square in the centre of Altötting

Wo man hinschaut, Heilige!
Saints wherever you look!

Das mittelalterliche Burghausen schmiegt sich ans Ufer der Salzach.
Medieval Burghausen nestles on the banks of the Salzach.

Das Kircherl in der Ramsau und die Reiteralpe gehören wohl zu den beliebtesten Fotomotiven in Oberbayern.
Among the most popular subjects of photos in Bavaria, the little church in Ramsau and the Reiteralpe ➜

Das Berchtesgadener Land

»Die Gegend von Salzburg und Berchtesgaden, von Neapel und Konstantinopel halte ich für die schönsten der Erde«, so schrieb der weit gereiste Alexander von Humboldt vor rund 200 Jahren. Heute denkt man bei dem Stichwort »Berchtesgaden« an den Watzmann, an Salzgewinnung, an den Königssee, den Obersalzberg und vielleicht auch an den »Hackl-Schorsch«, den dreimaligen Olympiasieger im Rodeln.

Jahrhundertelang war die kleine Fürstpropstei Berchtesgaden ein eigenständiger Staat, eingeklemmt zwischen den sich nicht immer freundlich gesinnten Nachbarn Bayern und Salzburg. Und obwohl man 1810 schließlich bayerisch wurde, hat man bis heute viel von der früheren Selbständigkeit bewahrt. Die geographischen Gegebenheiten sind mit ein Grund für diese Sonderstellung. Bereits bei der Anreise über Bad Reichenhall wird einem das bewusst. Sowohl die Eisenbahn als auch die parallel verlaufende Bundesstraße winden sich den Pass Hallthurm hinauf, folgen dann dem engen Tal der Bischofswieser Ache und münden plötzlich in einen weiten Kessel. Der Besucher wird fast erschlagen von dem atemberaubenden Blick, der sich in dieser abgeschiedenen kleinen Welt auftut: Watzmann samt »Kindern« und »Frau«, Hochkalter, Reiteralpe und Hoher Göll bieten ein Panorama, das eher an die kanadischen Rockies erinnert als an einen Landstrich in Oberbayern.

Fünf Gemeinden liegen im Talkessel: Im Zentrum die Marktgemeinde Berchtesgaden, im Nordosten Marktschellenberg, direkt am Königssee Schönau, am Hintersee die Gemeinde Ramsau und am Eingang zum Tal Bischofswiesen. Eingerahmt werden diese Orte von acht Gebirgsgruppen: dem Untersbergmassiv, dem Lattengebirge, der Reiteralpe, dem Hochkaltergebirge, dem Watzmannstock, dem Göllstock, dem Steinernen Meer und dem Hagengebirge. Natürlich ist der Watzmann mit dem 2713 Meter hohen Hauptgipfel und der »Familie« der prägnanteste und bekannteste Gebirgszug im ganzen Tal. Wahrscheinlich schlägt er vom Bekanntheitsgrad her sogar den höchsten Berg Deutschlands, die Zugspitze. Den selbstbewussten »Berchtsgoona« können die paar Höhenmeter Differenz eh nicht aus der Ruhe bringen. Und viel eindrucksvoller als das »G'schichterl« vom Zuggeist ist die unheimliche Watzmannsage ohnehin:

Vor langer Zeit herrschte im Berchtesgadener Land ein König mit Namen Watzmann. Er war grausam und hartherzig gegen seine Untertanen und quälte Mensch und Tier. Mörderische Hetzjagden, an denen sich auch sein Weib und seine Kinder beteiligten, erfreuten den König über alle Maßen. Eines Tages fiel die wilde Jagd über eine arme Bauernfamilie her. Ein kleines Kind, die Großmutter, der Bauer und die Bäuerin wurden von den Pferdehufen zermalmt oder von den blutrünstigen Hunden zerfleischt. Der unmenschliche König erfreute sich an dem Leid, das er den unschuldigen Bauernsleuten zufügte. Da verfluchte ihn noch im Sterben die Alte: ihn, sein Weib, die Kinder. Die Erde bebte, und Sturmwind brauste über die Fluren. Watzmann und die Seinen fühlten, wie ihre Glieder erstarrten. Bald war die Königsfamilie ganz zu Stein geworden.

Für die Einheimischen ist der Watzmann jedenfalls der schönste und aufregendste Berg in ganz Bayern. Die Zugspitze hat auch keine berühmt-berüchtigte Ostwand, deren Geschichten und Tragödien alleine schon ein Buch füllen würden. Der Watzmann ist darüber hinaus ein »wilder« Berg geblieben. Trotz hitziger Diskussionen in den siebziger Jahren gibt es keine Seilbahn, die ihn zähmt. Wer hinaufwill, muss eine gehörige Portion Kondition und erhebliches bergsteigerisches Geschick mitbringen.

Bevor der Fremdenverkehr als bedeutsamer Wirtschaftszweig Einzug ins Tal hielt, war die Salzgewinnung wichtigster Broterwerb. Das »weiße Gold« der Berchtesgadener war schon in früheren Jahrhunderten Objekt der Begierde. Sowohl Bayern als auch Salzburg haben immer wieder einmal ein Auge auf die riesigen Salzlagerstätten geworfen. Die Rivalität um das Salz war jedoch eine Garantie für die Jahrhunderte währende weitgehende Selbständigkeit Berchtesgadens. Die Großmächte wachten nämlich mit Argusaugen darüber, dass keine der beiden Seiten die Rechte an dem begehrten Handelsgut für sich allein beanspruchen konnte. Noch heute wird in Berchtesgaden unter Tage Steinsalz gewonnen. Besucher aus aller Welt können selbst in den Berg einfahren und hautnah miterleben, wie der Salzabbau vonstatten geht.

Erste »Touristen« hielten sich bereits im 18. Jahrhundert im Tal auf. 1797/98 etwa wanderte Alexander von Humboldt von St. Bartholomä zur Eiskapelle am Fuß der Watzmannostwand. Nachdem das kleine Land bayerisch geworden war, errichteten die Wittelsbacher in Berchtesgaden ihre Sommerresidenz. Doch erst 1888 erschloss der Bau der Eisenbahn von Bad Reichenhall das Tal einer breiten Öffentlichkeit.

Die prachtvolle Landschaft zog allerdings auch den schlimmsten Despoten des 20. Jahrhunderts in ihren Bann. Adolf Hitler baute sich auf dem nahe gelegenen Obersalzberg sein zweites Führerhauptquartier. Heute erinnert ein Dokumentationszentrum des Instituts für Zeitgeschichte daran.

Als Beginn einer neuen Zeitrechnung im Tal kann man den 1. August 1978 ansehen. An diesem Tage nämlich wurde die »Verordnung über den Alpen- und den Nationalpark Berchtesgaden« erlassen. 21 000 Hektar einmaliger Hochgebirgslandschaft rund um den einzigen fjordartigen See Mitteleuropas, den Königssee, stehen seitdem unter strengem Naturschutz. 230 Kilometer markierte Wanderwege führen durch den Nationalpark und erschließen eine in Oberbayern einmalige Hochgebirgslandschaft. Steinadler, Gänsegeier, Steinbock, Murmeltier, Gämse und viele seltene Pflanzen- und Blumenarten wie Trollblume, Zwerg-Alpenrose, Alpenveilchen oder das Schwarze Kohlröschen haben hier ein einzigartiges Rückzugsgebiet gefunden.
Die Mischung aus der Wildnis des Nationalparks und einer uralten, durch nachhaltige bäuerliche Wirtschaft geprägten Kulturlandschaft ist weithin konkurrenzlos und macht das Berchtesgadener Land zu einer wahren Perle der Bayerischen Alpen.

The Berchtesgaden Region

For hundreds of years the little prince-provostship of Berchtesgaden was an autonomous state and the people here have retained a lot of their former independence. Geographic facts play a role in this special position and one is conscious of it on arrival via Bad Reichenhall. The railway and parallel highway wind up to the Hallthurm Pass, follow the narrow valley of Bischofwieser Ache and suddenly lead into a wide basin-shaped valley. The visitor is almost struck down by the breathtaking view that opens up in this secluded little world. The Watzmann, Hochkalter, Reiteralpe and Higher Göll mountains offer a panorama more reminiscent of the Canadian Rockies than a region in Upper Bavaria. With its 2,713 metre high main peak, the Watzmann and its "family" is the most concise and well-known mountain range in the whole valley. The legend of King Watzmann who was turned into rock by a curse is well-known; the stories and tragedies of the notorious eastern wall of the mountain are enough to fill a whole book. Before tourism became the most significant branch of the economy in the region, the most important source of income was salt mining, and underground rock salt is still extracted in Berchtesgaden. Visitors can ride into the mountain and see for themselves how the salt mining takes place.
The wonderful scenery has attracted not only travellers and tourists but also the greatest despot of the twentieth century. Adolf Hitler built his second headquarters on the nearby Obersalzberg, as witnessed today by the impressive Documentation Centre.
The year 1978 was an important one for the valley; it was the year when the Alpine and National Park of Berchtesgaden was founded. Since then, 21,000 hectares of unique mountain scenery around the only fjord-like lake in Central Europe, the Königsee Lake, have come under strict legal protection.
The combination of a wild National Park and an ancient region cultivated by sustained farming is without equal, rendering the Berchtesgaden district a pearl of the Bavarian Alps.

Nur mit dem Boot oder in mehrstündigem Fußmarsch zu erreichen: die Wallfahrtskirche St. Bartholomä zu Füßen des Watzmanns
Pilgrimage church of St. Bartholomew at the foot of the Watzmann mountain, can only be reached by boat or on foot

Der Watzmann mit Familie herrscht über das Berchtesgadener Land.
The Watzmann and family rule over the Berchtesgaden Region.

Die Reiteralpe spiegelt sich im verwunschenen Hintersee.
Reiteralpe reflected in the enchanted Hintersee lake

Die Watzmannostwand spiegelt sich im Königssee.
East side of the Watzmann reflected in Lake Königsee

Der Traum eines jeden Bergsteigers: die Watzmannostwand im ersten Licht
Every mountaineer's dream: east side of the Watzmann mountain at first light

Sonnwendfeuer am Jenner
Traditional solstice fire on the Jenner

Vorsicht, die Buttnmandl kommen! – Der alte Berchtesgadener Adventsbrauch ist heute noch beliebt.
An old Berchtesgaden tradition for Advent

Prächtig geschmückte Kühe beim Almabtrieb von der Fischunkelalm
Cows coming down from the Fischunkel alpine pasture

Die Wallfahrtskirche Maria Gern, im Hintergrund der Untersberg
Pilgrimage church of Maria Gern, Untersberg in the background

Wintermärchen am Untersberg. Der Legende nach soll Karl der Große im Inneren hausen.
Winter fairytale on Untersberg. According to legend, Charlemagne is supposed to live inside.

In Freising
In the city of Freising

Der Norden Oberbayerns

In Reiseführern wird er oft vergessen oder wegen »mangelnder touristischer Eignung« einfach weggelassen: der Norden von Oberbayern. Die Region zwischen Isar und Altmühl, zwischen Paar und Abens entspricht nicht unbedingt dem gängigen Bild von Oberbayern. Hohe Berge, weite Gebirgstäler und reißende Wasserfälle sind hier nicht zu finden. Die Landschaft ist flach, eher unspektakulär und dennoch von einem ganz besonderen Reiz. Unweit des Flughafens der bayerischen Metropole und direkt an der Bahnlinie von München nach Regensburg liegt Freising. Älter als München und seit dem 8. Jahrhundert Bischofssitz, war die Stadt lange eines der wichtigsten kulturellen und religiösen Zentren Bayerns. Die alte, verwinkelte Freisinger Innenstadt lädt zum Bummeln und Flanieren ein. Über allem thront der Dom mit Krypta und dreiflügeligem Kreuzgang.
Weiter nördlich, in Richtung Donau, erstreckt sich das Hopfenland der Holledau mit Pfaffenhofen an der Ilm als Zentrum. Was wäre Bayern ohne seinen Hopfen? Denn bayerisches Bier darf aus nichts anderem gebraut werden als aus Hopfen, Gerste und Wasser – so bestimmt es das »Reinheitsgebot« von 1516.
Im äußersten Norden Oberbayerns warten drei größere Städte und ein bis weit nach Franken hineinreichendes Naturparadies darauf, erkundet zu werden: Neuburg an der Donau, Eichstätt, Ingolstadt und das Altmühltal. Das Wahrzeichen Neuburgs ist das prachtvolle Renaissanceschloss. Beim alle zwei Jahre stattfindenen Schlossfest bildet die wunderbar erhaltene Innenstadt mit ihren romantischen Kopfsteinpflaster und den alten Häuserfassaden einen idealen Rahmen für die Auftritte der in historische Kostüme gekleideten Neuburger Bürger.
Beinahe an der Grenze zu Franken liegt Eichstätt: an allen Ecken barocke Fassaden, verspieltes Rokoko, Palazzi, Kavaliershäuser, Kirchen und Klöster. Beherrschend auf einem Hügel thront die Willibaldsburg, die im 14. Jahrhundert errichtet und später zu einem Renaissanceschloss umgebaut wurde.
Der Naturpark Altmühltal ist mit seinen 3000 Quadratkilometern der größte seiner Art in Deutschland. Man erkundet ihn am besten mit dem Rad, per Boot oder zu Fuß.
Ingolstadt ist mit gut 100 000 Einwohnern die zweitgrößte Stadt in Oberbayern. Die gut erhaltene Altstadt verdankt ihr Aussehen einem Festungsring, der sich während des Dreißigjährigen Krieges sogar als sicherer Schutz gegen die Schweden erwies. Wer heute in aller Ruhe durch Ingolstadt bummelt, der stößt beinahe an jeder Ecke auf Erinnerungen an eine bewegten Vergangenheit.

Northern Upper Bavaria

The northern region of Upper Bavaria is often forgotten in guidebooks or simply left out for "lack of suitability for tourists". The area between the Isar and Altmühl, between Paar and Abens does not necessarily correspond to the usual picture of Upper Bavaria. The landscape is flat, rather unspectacular and yet has a quite special attraction. Not far from Munich airport, directly on the railway line from the capital to Regensburg is Freising, which is older than Munich, a diocesan city since the eighth century and for a long time one of the most important cultural and religious centres of Bavaria. The old town centre is full of corners and it is very pleasant to wander around there. The cathedral with its crypt and three-sided cloister stands above everything in solitary splendour. Farther north towards the Danube is the hop-growing region of Holledau with Pfaffenhofen on the river Ilm as its centre. What would Bavaria be without its hops? Bavarian beer can only be brewed from hops, barley and water.
In the most northerly part of Upper Bavaria there are three larger towns to be discovered: Neuburg on the Danube, Eichstätt, Ingolstadt and the Altmühl valley. Neuburg's landmark is the splendid Renaissance castle. Every two years a festival takes place and the wonderfully preserved town centre with its romantic cobble stones and old houses with beautiful facades is an ideal setting for the citizens of Neuburg clad in historical costume.
Eichstatt is almost on the border with Franconia. The town is all baroque and pretty rococo, palaces, houses of the gentry, churches and monasteries. The Willibaldsburg castle dominates from the top of a hill.
The National Park of Altmühltal is the largest of its kind in Germany and covers 3000 square kilometres. The best way to get to know it is by bicycle, by boat or on foot. With a population of over 100,000 Ingolstadt is the second largest city in Upper Bavaria.

In aller Ruhe sucht sich die Altmühl ihren Weg durch das nach ihr benannte Tal.
Peaceful Altmühl in its valley of same name

Die mächtige Willibaldsburg erhebt sich nahe Eichstätt über der Altmühl.
Willibaldsburg rises up over Altmühl near Eichstätt ➜

Neuburg an der Donau
Neuburg on the Danube

Gerade noch in Oberbayern: Eichstätt
Eichstätt

Markt in Pfaffenhofen
Market in Pfaffenhofen

Ein Zweigespann, das aus keiner oberbayerischen Stadt wegzudenken ist: Kirche und Maibaum in Pfaffenhofen
Traditional Bavarian duo of church and maypole, here in Pfaffenhofen

Der Dom in Ingolstadt in nächtlichem Glanz
The cathedral in Ingolstadt at night

Was wäre Bayern ohne seinen Hopfen? – Hopfenstangen in der Holledau
What would Bavaria do without its hops? Hop-poles in Holledau

Sonderausgabe

Englische Übersetzung: Suzanne Frank-Kilner, München
Seitenlayout und Satz: VerlagsService Dr. Helmut Neuberger & Karl Schaumann GmbH, Heimstetten
Lithographie: Repro Ludwig, Zell am See
Druck und Bindung: Druckerei Theiss GmbH, St. Stefan im Lavanttal
Printed in Austria

ISBN 978-3-475-53932-9